Ex libris Ch. Fauche

Le Gendarme est sans pitié

COMÉDIE EN UN ACTE

Représentée pour la première fois au THÉATRE ANTOINE le 27 janvier 1899.

(2)

OUVRAGES DE GEORGES COURTELINE

ROMANS

Les Gaietés de l'escadron (illustrations en couleurs de GUILLAUME) (15e *mille*)	1 vol.	3 fr. 50
Les Femmes d'amis (6e *mille*)	—	3 fr. 50
Le Train de 8 h. 47 (illustrations en couleurs de GUILLAUME) (30e *mille*)	—	3 fr. 50
Lidoire et Potiron (illustrations en couleurs de GUILLAUME) (20e *mille*)	—	3 fr. 50
Messieurs les ronds-de-cuir (10e *mille*)	—	3 fr. 50
Ah! Jeunesse! (7e *mille*)	—	3 fr. 50
Un Client sérieux (10e *mille*)	—	3 fr. 50
La Vie de caserne (illustrations de DUPRAY), 1 vol. in-4°.		20 fr.
Le 51e chasseurs	1 vol.	0 fr. 60
Madelon, Margot et Cie	—	0 fr. 60
Les Facéties de Jean de la Butte	—	0 fr. 60
Ombres parisiennes	—	0 fr. 60

LE TRAIN DE 8 h. 47

édition populaire illustrée en livraisons à 0 fr. 10.

L'œuvre complète. Prix : 10 francs.

THÉATRE

Boubouroche.
Lidoire.
La Peur des coups.
Le Droit aux étrennes.
Théodore cherche des allumettes.
Hortense, couche-toi.
Un Client sérieux.
La Cinquantaine.
La Voiture versée.
Les Gaietés de l'escadron.
Les Boulingrin.
Gros Chagrins.

---

40 714. — Imprimerie LAHURE, rue de Fleurus, 9, Paris.

Georges COURTELINE et Édouard NORÈS

Le Gendarme est sans pitié

COMÉDIE EN UN ACTE

PARIS
ERNEST FLAMMARION, ÉDITEUR
26, RUE RACINE, 26

PERSONNAGES

LE GENDARME LABOURBOURAX.	MM. ARQUILLIÈRE.
LE BARON LARADE	GÉMIER.
BOISSONNADE, substitut du procureur de la République	CHARTOL.
UN HUISSIER.	VERSE.

La scène se passe à Écoute-s'il-Pleut, de nos jours.

Les simili-gravures ont été reproduites d'après les photographies de MM. CAUTIN et BERGER.

Le Gendarme
est sans pitié

A

ALEXANDRE ARQUILLIÈRE

Les auteurs reconnaissants.

G. C. — É. N.

LE CABINET DU SUBSTITUT

Deux portes, l'une à deux battants, l'autre dissimulée dans la tenture et ouvrant près d'un grand bureau-ministre surchargé de paperasses. Une bibliothèque et un cartonnier constituent avec deux ou trois fauteuils de bureau le reste de l'ameublement que complètent au point de vue décoratif un buste de la République (modèle officiel) et un portrait en chromolithographie sans cadre du chef de l'État.

SCÈNE PREMIÈRE

BOISSONNADE, seul, puis L'HUISSIER, puis LE GENDARME

(Boissonnade est assis à son bureau, devant un monceau de pièces qu'il signe après les avoir rapidement parcourues, et range ensuite en tas sur un coin du bureau. De temps en temps un geste d'impatience témoigne de l'intérêt qu'il prend à cette besogne. — Enfin la lecture d'un papier lui arrache une exclamation désolée.)

Le gendarme est sans pitié! (Il sonne, puis à l'huissier qui entre.) Le gendarme Labourbourax

(L'huissier remonte vers la porte, qu'il ouvre et, après avoir fait un signe vers la coulisse, s'efface et sort, tandis que le gendarme paraît sur le seuil. Après avoir salué militairement, il fait trois pas, s'arrête, ramène la main dans le rang, rectifie la position selon l'ordonnance, et s'immobilise, muet.)

BOISSONNADE

Vous êtes sans pitié, gendarme! Encore un attentat à votre caractère?... Savez-vous que je vois venir l'instant où le tribunal d'Écoute-s'il-Pleut, exclusivement occupé à venger vos petits griefs, ne pourra plus suffire à tant d'obligations? Ne dites pas non. La chambre correctionnelle n'entend parler que de vos malheurs! Hier, c'était, à votre requête, douze condamnations pour outrages à un agent de la force publique dans l'exercice de ses fonctions. Avant-hier, c'en était dix-neuf!... En tout, et en quarante-huit heures, cent quarante-sept jours de prison à l'actif d'une cité de trois mille habitants! C'est coquet! Et ce n'est pas fini. A cette heure, voici, de vous, en date de ce jour, un procès-verbal contre l'épicier Nivoire, inculpé du double délit d'insulte à la maréchaussée et d'affichage séditieux? (*Le gendarme opine du képi.*) Qu'est-ce qu'il a fait, l'épicier Nivoire?

LE GENDARME

Il a apposé à la devanture de son établissement une pancarte portant, en lettres conséquentes d'une hauteur de 20 à 22 centimètres, une inscription de nature à jeter la déconsidération sur l'arme à laquelle j'appartiens.

BOISSONNADE

Quelle inscription?

LE GENDARME

La suivante : « Avis à la population. Occasion exceptionnelle. Gendarmes à deux pour trois sous. »

BOISSONNADE, *très simplement.*

Des harengs saurs.

LE GENDARME

Précisément.

BOISSONNADE, *effaré.*

Et voilà tout?

LE GENDARME

J'eusse cru....

BOISSONNADE

Celle-là est trop raide! Alors, c'est gravement, tout de bon, que vous vous prétendez atteint dans vos fiertés de vieux soldat? C'est de sang-froid que vous en appelez à la sévérité des juges, d'une plaisanterie inoffensive, bête comme une oie, vieille comme les rues, et dont, seuls, s'égayeraient encore, — en supposant qu'ils s'en égayent, — les enfants et les imbéciles?

LE GENDARME

Il est regrettable que les débordements de notre ironie nationale s'épanchent en trivialités aux dépens d'institutions consacrées de temps immémoriaux et dont l'éloge n'est plus à faire.

BOISSONNADE

Que de paroles perdues, mon Dieu! et quel besoin d'importance! Je vous demande un peu, gendarme, en quoi la blague de la rue peut atteindre... — que dis-je! — effleurer le prestige de l'arme d'élite que vous représentez si dignement! Allons, c'est une plaisanterie, et, vous me permettrez de vous le dire, sans vouloir ravaler en rien la gravité de votre mission, la dignité de votre rôle, vous montrez une fâcheuse tendance à céder aux élans d'une susceptibilité qui tourne à la monomanie. Que diable! nous avons

« OCCASION EXCEPTIONNELLE !... GENDARMES A DEUX POUR TROIS SOUS. »

affaire à une population d'un excellent esprit, respectueuse des pouvoirs publics, et votant bien. Ménageons donc, autant que possible, les bonnes dispositions de nos administrés; et, fermant l'œil quand il le faut, nous bouchant les oreilles quand il est nécessaire, évitons de semer en eux, par des abus d'autorité, le germe toujours dangereux du mécontentement et de la rébellion. Vous avez compris?

LE GENDARME

Oui, monsieur le substitut.

BOISSONNADE

Bien. Vous pouvez vous retirer.

(Le gendarme sort.)

(Resté seul, le substitut Boissonnade s'est remis à l'étude des dossiers accumulés sur sa table. — Un temps. — Soudain.)

BOISSONNADE, avec un geste désespéré.

Encore! (Il lit.) « Procès-verbal. — Outrage à des représentants de la force publique dans l'exercice de leurs fonctions. — Dans la nuit du 17 au 18 courant, étant de service, mon collègue Soufflure et moi, notre attention a été éveillée par le tumulte d'une dispute. Nous étant rendus sur les lieux, nous y avons trouvé le menuisier Lacaussade occupé à interpréter sa propriétaire à travers la porte cochère, sous prétexte que cette dernière se refusait à la lui ouvrir. Aussitôt qu'il nous aperçut, le délinquant se porta au-devant de nous et nous harangua en ces termes : « Vous pouvez constater que cette vieille charogne refuse de m'ouvrir la porte; vous pouvez le constater vous-mêmes ». Il dit, puis d'une voix où le mépris le disputait à l'arrogance, il nous jeta ce mot « des visus », voulant exprimer par là, non seulement que mon collègue et moi étions des visus, — ce qui n'était pas vrai, — mais encore que nous en étions de l'espèce la plus inférieure, relégués au plus bas degré de l'échelle sociale et de tout point incompatibles avec la magistrature dont nous sommes les assimilés. » (Consterné.) Mais qu'est-ce que c'est que ça?... Mais qu'est-ce que ça veut dire?... Mais cet homme irréconciliable va devenir un danger public! (Il sonne. Apparition de l'huissier.) Le gendarme! (Sortie de l'huissier et entrée du gendarme.) Entrez donc, gendarme! Eh bien, gendarme, que vous disais-je? La plaisanterie continue. Il paraît que le sieur Lacaussade vous a qualifiés de visus, vous et votre collègue Soufflure?

LE GENDARME

Oui, monsieur le substitut.

BOISSONNADE

Savez-vous bien, mon brave, que je commence à me demander si vous jouissez de vos facultés, ou si vous vous bornez à vous moquer du monde?

LE GENDARME (M. ARQUILLIÈRE)

LE GENDARME

Moi?

BOISSONNADE

Des visus!!! Pardieu! voilà qui est comique, et si le Moniteur de la localité venait à être mis au courant de l'anecdote, vous prendriez, j'ose le prétendre, quelque chose pour votre rhume. (Mouvement du gendarme.) Je vous dis que c'est une idée fixe! Pas plus que l'épicier Nivoire, le menuisier Lacaussade n'a songé à vous faire injure. Simplement, sa propriétaire lui refusant l'accès d'une demeure qui est sienne, il vous a invités, comme c'était son droit, à constater le flagrant délit; à le constater *de visu*, autrement dit : de vos propres yeux, par vous-mêmes! Et parce que le sens vous échappe, d'un lieu commun, d'un terme usuel, d'une locution tombée dans le domaine public, un pauvre diable passe la nuit sur la paille humide du cachot!... Voilà l'action publique saisie et la justice en mouvement!... En vérité, les bras m'en tombent et, du train dont vous y allez, je me demande où nous allons! Et ce sont les harengs qu'on traite de gendarmes! Et ce sont les gendarmes qu'on traite de visus!... Encore une fois, modérez-vous; apportez à l'avenir moins de raideur militaire dans vos relations avec nos justiciables, un peu plus de circonspection dans votre empressement à sévir, et rappelez-vous qu'un brave soldat peut, sans déchoir, être un brave homme. L'un vaut l'autre. — Allez!

LE GENDARME, sortant.

Il est tout de même dur, à mon âge, de m'entendre traiter de visu par un particulier qui l'est peut-être plus que moi.

(Il sort.)

(Une fois encore, le substitut Boissonnade s'attèle à l'examen du courrier du jour. Mais presque aussitôt :)

BOISSONNADE

A la fin, mon malheur passe mon espérance!... (Il lit.) « Le gendarme Labourbourax contre le baron Larade. Outrage à un agent de la force publique dans l'exercice de ses fonctions.... » (Rapide coup d'œil jeté sur le procès-verbal.) Le pis est que ça a l'air sérieux!... (Il sonne. L'huissier apparaît.) Courez de suite au cercle, huissier, Place d'Armes, à deux pas d'ici. Vous demanderez le baron Larade et vous l'inviterez de ma part à passer à mon cabinet toute affaire cessante. Faites vite. (Fausse sortie de l'huissier.) Ah! envoyez-moi le gendarme.

(L'huissier sort. Entre le gendarme.)

BOISSONNADE

Je vois, gendarme, par ce procès-verbal, que vous auriez eu à vous plaindre de M. le baron Larade.

LE GENDARME

Oui, monsieur le substitut.

COUREZ AU CERCLE, HUISSIER, DEMANDER LE BARON LARADE

BOISSONNADE

Qu'est-ce qu'il vous a fait?

LE GENDARME

Il a usé, vis-à-vis de moi, d'un terme non adéquat à l'uniforme dont je suis revêtu.

BOISSONNADE, *qui consulte le procès-verbal.*

Oui, enfin, tranchons le mot : il vous a appelé moule.

LE GENDARME, *saluant.*

Sauf votre respect.

BOISSONNADE

Vous êtes bien sûr?

LE GENDARME

C'est consigné à mon rapport.

BOISSONNADE, *feuilletant le dossier.*

Je vois, je vois; seulement, de l'humeur dont je vous sais, pouvant, d'une part, suspecter à bon droit une susceptibilité toujours prête à prendre la mouche, d'autre part connaissant le baron comme je le connais, j'en arrive à me demander quel concours de circonstances a pu pousser à un tort aussi grave un homme si paisible et si doux, l'expression même du savoir-vivre, de la courtoisie et de l'aménité. — Moule?

LE GENDARME

Moule.

BOISSONNADE

Le diable m'emporte si j'y comprends un mot.

L'HUISSIER, *entr'ouvrant la porte.*

M. le baron Larade est là.

BOISSONNADE

Ah! — qu'il entre. — C'est bien, gendarme. Je vous rappellerai tout à l'heure.

SCÈNE II

LE BARON, BOISSONNADE

BOISSONNADE, *qui va au baron, la main tendue.*

Bonjour, baron. Entrez donc, je vous prie.

(*Le baron entre. La porte se referme derrière le dos du gendarme qui sort.*)

LE BARON, *piteux.*

Vous allez bien?

BOISSONNADE

Moins bien que vous. En voilà une aventure! Vous insultez la gendarmerie, à présent!

ENTREZ DONC, BARON!

LE BARON

Ne m'en parlez pas!

BOISSONNADE

C'est vrai, alors?

LE BARON

Ce ne l'est que trop!

BOISSONNADE

Vous avez qualifié de moule le gendarme Labourbourax?

LE BARON, d'une voix morte.

Oui, monsieur le substitut.

BOISSONNADE

Le bon Dieu vous bénisse! Une jolie affaire, baron, que vous vous êtes mise sur les bras!

LE BARON

C'est grave, hein?

BOISSONNADE

Comment, si c'est grave! Six jours à trois mois, tout bonnement.

LE BARON, effaré.

Trois mois... de prison?

BOISSONNADE

Mais dame!

LE BARON

Je suis déshonoré!

BOISSONNADE

Pas encore. Attendez un peu. Vous aurez toujours le temps de vous faire sauter la cervelle. Nous allons procéder par ordre (lui avançant une chaise), et tout d'abord, assis sur ce siège d'infamie...

LE BARON, soupirant longuement.

La vérité qui rit!

BOISSONNADE, le faisant asseoir.

... vous allez, mon cher baron, me faire le récit détaillé de votre exécrable forfait. Il convient que je sache si le monstre a la vie dure, pour le cas où... (on ne sait jamais)... je concevrais le lâche dessein de l'étouffer dans ses langes!

LE BARON, lui prenant les mains.

Cher et excellent ami!

BOISSONNADE, qui s'est assis à sa table.

Je vous écoute.

LE BARON

Mon Dieu, c'est simple comme bonjour. J'habite, vous le savez, le château de Beaux-Chênes, près cette charmante ville d'Écoute-s'il-Pleut, où j'ai la prétention d'être connu assez avantageusement.

LE BARON LARADE (M. GÉMIER)

BOISSONNADE

Pour cette excellente raison que vous en êtes le bienfaiteur, ainsi que personne n'en ignore.

LE BARON

Oh! bienfaiteur! c'est beaucoup dire.... Je dote une rosière chaque année; j'ai fait remettre à neuf le clocher de l'église, donné des pompes aux pompiers....

BOISSONNADE

Pourvu d'une magnifique grosse caisse la fanfare municipale, et cætera, et cætera.

LE BARON, *modeste.*

Tout cela est de peu d'importance, et si j'invoque le souvenir de ces petites libéralités, c'est à titre de simples circonstances atténuantes. Dans le même ordre d'idées et avant d'aborder la narration de mes malheurs, qu'il me soit permis de rappeler mon inébranlable attachement aux principes qui nous régissent.

BOISSONNADE

Au fait, baron; au fait!

LE BARON

J'y arrive. Il y a une huitaine de jours, j'étais allé, comme à mon habitude, demander un peu d'appétit à la promenade et au grand air, toujours comme à mon habitude, j'avais emmené Venceslas.

BOISSONNADE

Qui? Venceslas?

LE BARON

Mon chien.

BOISSONNADE

Le petit ratier anglais qui ressemble à un radis noir?

LE BARON

C'est cela même.

BOISSONNADE

Charmant animal. J'ai l'avantage de le voir quelquefois avec vous, à la musique, le dimanche.

LE BARON

Trop aimable. Il n'a rien que de très ordinaire. J'y suis, toutefois, fort attaché, et cela, pour plusieurs raisons : d'abord, nous ne sommes plus jeunes, lui ni moi, puis nous sommes veufs tous les deux, également intelligents — (je le dis sans fausse modestie), — et de commerce plutôt agréable.... En outre, comme tous ses pareils, cette petite bête... mon Dieu! comment dirai-je?... stationne volontiers le long des murs, et moi-même, ayant une cystite. nous pouvons, au cours de nos promenades, stationner

LA VÉRITÉ QUI RIT !...

aussi fréquemment que le besoin s'en fait sentir, sans crainte de paraître ridicules l'un à l'autre.... Ça n'a l'air de rien, c'est énorme; c'est sur ces petites simplifications de la vie que reposent les vraies et solides affections. Ne le pensez-vous pas?

BOISSONNADE

Pardon, je le pense tout à fait, au contraire.

LE BARON

Il était huit heures environ, il faisait un temps magnifique. J'allais au hasard de la marche, buvant à pleins poumons l'air pur de la campagne, bénissant le Seigneur notre Dieu d'avoir fait la nature si belle, et moi si digne de la comprendre. Dans mon dos, Venceslas trottait, goûtant, lui aussi, la douceur de cette ineffable matinée. J'entendais derrière moi le tintin du grelot pendu à son collier, un tintin qui s'accélérait et se ralentissait alternativement, selon que moi-même, plus ou moins, je hâtais le pas ou le modérais. De temps en temps, pour souffler, je prenais une seconde de repos; alors je n'entendais plus rien que le chant des alouettes invisibles, car Venceslas, dans le même instant, avait fait halte sur mes pas.

BOISSONNADE

Une églogue, quoi!

LE BARON

Soudain, au loin, par-dessus l'océan de blé mûr qui moutonnait à l'infini, je distinguai le tricorne en bataille du gendarme Labourbourax; je devinai que le hasard allait nous mettre face à face, et je me félicitai de cette bonne fortune. Je suis un homme simple, monsieur le substitut, je suis un homme sans méchanceté : l'uniforme n'a rien qui m'effraye, et la vue des gens de bien me fait toujours plaisir. Je me préparais donc à jeter au gendarme un souhait affectueux de bonne santé, quand, jugez de mon étonnement! ce militaire, qui m'avait joint, rectifia la position, et, tirant un calepin de sa poche : « Ordonnance de police, dit-il, les chiens doivent être tenus en laisse. Le vôtre étant en liberté, je vous dresse procès-verbal. »

BOISSONNADE

Procès-verbal!

LE BARON

Je vous demande un peu!... Un petit chien gros comme le poing! et gentil, et doux, et sociable, victime d'une mesure....

BOISSONNADE, achevant la phrase.

Une mesure de sécurité générale, sans doute, mais qui demandait à être appliquée avec quelque discernement. Il est clair qu'un chien comme le vôtre, bien tenu, bien portant, gras à

IL M'A APPELÉ « MOULE »

souhait, ne saurait être assimilé aux chiens malheureux et errants que vise l'ordonnance de police.

LE BARON

C'est mot pour mot le discours que me tint le maire, homme charmant, à qui je m'empressai d'aller conter ma mésaventure, et qui s'en montra fort marri. Il reconnut que le gendarme avait, dans la circonstance, manqué du tact le plus élémentaire, et me renvoya rassuré, m'engageant cependant, pour éviter de nouveaux ennuis, à tenir Venceslas en laisse jusqu'à plus ample informé : *l'affaire de deux jours tout au plus*, le temps, pour lui, de mander le gendarme et de lui glisser à l'oreille quelques mots touchant mon affaire.

BOISSONNADE

Et vous vous conformâtes, je pense, à cet avis plein de sagesse?

LE BARON

N'en doutez pas.

BOISSONNADE

A la bonne heure.

LE BARON

J'achetai donc une laisse de vingt sous et j'y attachai Venceslas. Il en parut surpris, disons plus.... (Il hésite.)

BOISSONNADE

... Mortifié?

LE BARON

Je cherchais le mot! Mortifié. — Comme j'ai eu l'honneur de vous l'exposer, il n'est plus jeune, à beaucoup près. Il jouit, le ciel en soit loué! d'une santé de tous points florissante, mais enfin, il a atteint l'âge où l'on supporte malaisément un changement dans les habitudes, et c'était, cette laisse, tout un bouleversement dans sa petite existence de chien. De l'instant, oui, de l'instant même où il cessa de se sentir libre, il se refusa systématiquement à me suivre, rivé des quatre pattes au sol. En vain je tâchai de le raisonner, m'excusant, invoquant le cas de force majeure, en appelant à son bon cœur et faisant surgir à ses yeux l'inquiétante silhouette du gendarme : peine perdue! il demeurait sourd, il secouait furieusement la tête, voulant dire par là, sans doute, qu'il était de mœurs insoupçonnables et n'avait rien à démêler avec la gendarmerie.

BOISSONNADE

O candeur ineffable des consciences tranquilles!

LE BARON

Ainsi, deux jours, nous nous promenâmes par les champs et par les bois, moi à l'avant, lui à l'arrière, tirant chacun sur une extrémité de la laisse, à ce point qu'on n'eût pu savoir lequel de

TENTATIVE DE CORRUPTION!...

nous deux tenait l'autre; et cette vie, en vérité, devenait insoutenable et odieuse, quand brusquement, à un détour de sentier, je me retrouvai en présence du gendarme Labourbourax. « Le maire m'a parlé, me dit cet homme. Votre chien a le droit d'être libre. — Bon! » m'écriai-je. Et je me baissais pour détacher le mousqueton fixé au collier de Venceslas, lorsque le gendarme reprit : « Vous le tenez en laisse cependant. Pourquoi le tenez-vous en laisse? Je vous dresse procès-verbal. »

BOISSONNADE, les bras cassés.

Non!!!

LE BARON, après avoir, d'un mouvement de tête, confirmé l'authenticité de son récit.

A cette déclaration inattendue, une douce gaieté s'empara de moi. Le gendarme, fronçant le sourcil, dit que je raillais l'autorité.

BOISSONNADE

Hé! hé!

LE BARON

Je haussai les épaules....

BOISSONNADE

Oh! oh!

LE BARON

Le gendarme s'emporta.

BOISSONNADE

Ah! ah!

LE BARON

Je répliquai. Il m'imposa silence d'un ton que je jugeai inconvenant. C'est alors que, perdant la mesure, je tournai le dos à ce militaire en lui jetant de biais cette parole qui m'amène aujourd'hui devant vous et qui demeurera à tout jamais le remords de mon existence : « Gendarme, vous êtes une moule! »

BOISSONNADE, après un silence.

A vrai dire, si grand soit-il, votre crime perd tout intérêt, comparé à l'affaire Fualdès.

LE BARON, souriant.

Je m'en doutais un peu. Alors?

BOISSONNADE

Alors... alors.... — Le diable soit de vous, cher ami! Pour une fois que vous manquez de respect à un gendarme, vous n'avez pas la main heureuse. Je donnerais de bon cœur cinq cents francs de ma poche pour que vous ayez injurié le gendarme Petit-Grignolle ou le brigadier Monpétaze! Avec ces gens de sens rassis, on pourrait discuter, s'entendre!... Mais le gendarme

GENDARME, A LA FIN, PRENEZ GARDE!

Labourbourax dont le nom seul évoque une idée de catastrophe!...

LE BARON

Il ne peut rien sans vous!

BOISSONNADE

Je ne peux rien sans lui! Nous sommes, vous et moi, dans ses mains! Qu'il n'y mette pas de complaisance, comme le gendarme de la chanson, et c'est....

LE BARON

C'est la correctionnelle!

BOISSONNADE

Hélas!

LE BARON

La flétrissure d'une condamnation!

BOISSONNADE

J'en ai plus peur qu'envie! Enfin!... prenons toujours le vent. (Il va à la porte du fond et l'ouvrant.) Gendarme!

LE BARON

Je mets mon sort entre vos mains!

(Entre le gendarme Labourbourax.)

SCÈNE III

Les Mêmes, LE GENDARME

BOISSONNADE

Approchez-vous, gendarme, et causons en amis. Il est malheureusement établi que vos griefs sont fondés et que M. le baron Larade s'est rendu coupable, envers vous, d'une incontinence de langage.

LE GENDARME

Il m'a appelé moule.

BOISSONNADE

Il l'avoue, et il en est au désespoir. (Le baron, d'un geste éloquent, prend le ciel à témoin de ses remords.) Il me charge donc de vous transmettre l'expression d'un repentir qui n'est pas équivoque, et c'est de grand cœur, n'en doutez pas, que je me fais auprès de vous l'avocat de sa cause. Laissez-moi croire qu'elle est à demi gagnée déjà.

(Un temps. Le gendarme demeure muet.)

BOISSONNADE

Raisonnons. Vous n'ignorez pas que M. le baron Larade est une des notabilités les plus justement appréciées de notre petit

IL EST MIDI SEIZE MINUTES

coin provincial. Homme de tenue, respectueux de nos institutions, ami de l'ordre et de ses gardiens, il honore votre caractère à l'égal de votre personne....

LE BARON, éloquent et concis.

Dieu !!!

BOISSONNADE

... et il vous serait reconnaissant...

LE BARON

Jusque dans la nuit du tombeau !

BOISSONNADE

... si, usant de la miséricorde et du droit d'indulgence acquis à tout passé irréprochable, vous consentiez à oublier la faute en faveur du remords qui l'expie.

(Nouveau temps. Le gendarme se tait.)

BOISSONNADE

Je m'asssocie pleinement, pour mon compte, au vœu de ce parfait galant homme.

(Même jeu.)

BOISSONNADE, une menace d'impatience dans la voix.

Un peu de charité, sacrebleu! Dieu ne veut pas la mort du pécheur. Vous-même, d'ailleurs, il faut bien le dire, avez rendu compréhensible l'écart de langage en question, par votre double interprétation, d'abord excessive, puis absurde, d'une réglementation... tranchons le mot... élastique! Je vous supplie d'y réfléchir. Retirez votre plainte, croyez-moi. Vous ferez ainsi œuvre de bonne grâce et vous épargnerez du même coup, à notre humble et chère petite ville, l'affront d'un scandale public, le deuil d'une inimitié entre deux personnalités également considérées : la vôtre, gendarme, (désignant le baron) et la sienne.

(Nouveau temps.)

BOISSONNADE

Mais répondez donc quelque chose. C'est exaspérant, à la fin!

LE GENDARME

Soit. Je répondrai en ces termes. (Au baron.) Avez-vous dit que j'étais une moule, oui ou non?

LE BARON, effondré.

Je l'ai dit.

LE GENDARME

Bien. Le pensiez-vous?

LE BARON

Moi? Mais pas un instant, gendarme! pas une minute! pas une seconde!

LE GENDARME

Vous le jurez?

PORTEZ CE MOT A SON ADRESSE

LE BARON

Sur mon honneur!

LE GENDARME

Vous n'en êtes donc que plus coupable!

BOISSONNADE

Homme sans pitié!

LE BARON

Voyons, gendarme, ce n'est pas là votre dernier mot. Vous ne voudrez pas, pour une sottise qu'il est le premier à déplorer, infliger à un homme de soixante-cinq ans, justement orgueilleux d'une vie qu'il ose proclamer sans tache, une fin qui serait un écroulement et qu'empoisonnerait à jamais la honte d'un casier judiciaire!

BOISSONNADE

Et vous demeurez indifférent à une douleur si ingénue? Et l'acte de contrition où s'humilie ce pauvre homme ne vous apparaît pas comme la plus éclatante de toutes les réparations? Quel appétit de vengeance!

LE GENDARME

Pardon! Une supposition que, moi, je l'aurais appelé visu?

LE BARON

Eh! appelez-moi comme vous voudrez, pourvu que vous ne m'appeliez pas en police correctionnelle. Trois mois de prison, mon Dieu!... Voyons, vous êtes père de famille; de lourdes charges vous incombent, et, sans vouloir me faire l'apôtre de certaines revendications sociales, j'oserai dire que l'État ne reconnaît pas toujours avec la générosité souhaitable le mérite de ses serviteurs.... Le militaire n'est pas riche, comme le dit une chanson célèbre.... Si je pensais qu'une indemnité raisonnable, de cent cinquante à deux cents francs....

BOISSONNADE

Êtes-vous fou, baron?

LE GENDARME, *fronçant le sourcil.*

Vous dites?

LE BARON

Je dis que si une petite somme de vingt-cinq louis, par exemple....

LE GENDARME, *sévère, mais juste.*

Tentative de corruption envers un fonctionnaire public. Je porte plainte entre les mains du dépositaire des lois.

BOISSONNADE

Ça y est!

LE GENDARME EST SANS PITIÉ, MAIS IL N'EST PAS SANS GRANDEUR D'AME

LE BARON, qui ne comprend pas.

Quoi!

BOISSONNADE

Le délit est flagrant! Article 179! Trois mois à six mois. C'est bien simple!

LE BARON, qui devient fou.

Six mois de prison... six mois de prison.... Gendarme, à la fin, prenez garde!

LE GENDARME

Plaît-il?

BOISSONNADE, terrifié.

Baron!

LE BARON, le sang aux yeux.

La moutarde me monte, gendarme!... et je commence à me demander de quoi je ne serais pas capable!... à quelles extrémités fâcheuses...

LE GENDARME, inexorable.

Menaces à un agent de la force publique dans l'exercice et à l'occasion de ses fonctions. Je requiers contre le délinquant l'application de l'article 224.

LE BARON, de qui la folie a tourné à la démence.

C'en est trop!

(Il va pour s'élancer.)

BOISSONNADE, qui, depuis un instant, s'absorbait dans une rêverie.)

Halte-là! Du calme, je vous prie. Gendarme, vous avez raison et votre plainte est légitime! Je la reçois donc en ses conséquences.

LE GENDARME salue et se dispose à sortir.

BOISSONNADE

Un mot pourtant. (Le gendarme fait halte.) Vous avez l'heure?

LE GENDARME, tirant sa montre.

Midi seize minutes.

BOISSONNADE

Vous avancez.

LE GENDARME

Non.

BOISSONNADE

Si.

LE GENDARME

Faites excuse. J'ai réglé ma montre ce matin sur l'horloge de la caserne.

BOISSONNADE

De la caserne?

LE GENDARME

De la caserne.

BOISSONNADE

En ce cas, vous êtes impardonnable (le gendarme paraît surpris), car depuis seize minutes déjà, aux termes du manuel sur le service intérieur, vous devriez être en chapeau, en tunique et en baudrier. Le fait de vous afficher à une heure aussi tardive, dans le... débraillé où je vous vois, constitue donc de votre part une violation systématique des règlements en usage, un manque d'égards volontaire à la majesté d'un lieu que j'ai charge de faire respecter. (Le gendarme essaye de placer un mot.) Taisez-vous. (Il prend une plume et écrit.) « Je crois devoir signaler à l'appréciation de Monsieur le Commandant de place l'attitude du gendarme Labourbourax, qui, dans un but évident de provocation, affecte d'étonner le Palais de justice par l'inconvenance de sa tenue ».... (Il glisse le pli sous une enveloppe.) Portez ce mot à son adresse.

(Un temps.)

LE GENDARME

Je suis ici pour recevoir des ordres et pour les exécuter. La lettre sera remise à son destinataire.

BOISSONNADE

Je l'espère bien.

LE GENDARME

Je me permettrai pourtant de faire remarquer au juge qui m'interlocute, qu'avec un motif pareil, je n'y couperai pas de mes trente jours.

BOISSONNADE

Tant pis!...

LE GENDARME

Je lui ferai également observer avec tout le respect voulu, que, depuis bientôt vingt-cinq, ans je sers fidèlement mon pays, que je m'honore d'avoir un livret militaire vierge de toute punition, et que celle qui m'atteint au déclin de ma carrière m'est plus cruelle qu'un soufflet, étant un démenti donné devant tout le monde à mon passé immaculé.

BOISSONNADE

Qu'est-ce que vous voulez que j'y fasse?

LE GENDARME

Je serais porté à penser qu'un acte de clémence, de générosité....

BOISSONNADE

Où diable voulez-vous en venir!... Vous ne plaidez pas pour vous, je pense?

LE GENDARME

Mes torts ne sont pas tellement graves que je ne puisse les présenter sous de favorables auspices.

BOISSONNADE

Je ne vous dis pas le contraire, mais qui donne la leçon doit l'exemple. Sévérité bien ordonnée commence par soi-même, et à gendarme sans pitié, magistrat sans mansuétude.

LE GENDARME

J'ajouterai encore....

BOISSONNADE

Rien du tout. Voici, complété par l'adjonction des deux flagrants délits nouveaux, le dossier de l'affaire Larade. Veuillez y jeter un coup d'œil et signer vos déclarations.

(Très longtemps, Boissonnade, debout, présente au gendarme une plume. Le gendarme, lui, demeure muet, mais d'un mutisme tourmenté et nerveux qui n'est plus celui de tout à l'heure. Il mâche furieusement sa moustache, tourne les papiers entre ses doigts, en proie à un violent combat intérieur. Soudain, enfin, il se décide, et d'une voix pleine de noblesse :)

LE GENDARME

Le gendarme est sans pitié, mais il n'est pas sans grandeur d'âme !

BOISSONNADE

C'est à son éloge. (Puis, voyant le gendarme déchirer les procès-verbaux.) Que faites-vous?

LE GENDARME

J'abdique mes revendications par égard pour une tête chenue.

BOISSONNADE, jouant l'indifférence.

Comme vous voudrez. (Bas au baron.) La farce est jouée, baron. Vous pouvez retourner au cercle.

LE BARON, fou de joie.

Vous retirez votre plainte?... Vous retirez votre plainte?... Gendarme, vous êtes une moule!

LE GENDARME

Hein?

BOISSONNADE

Quoi?

LE BARON

Une mère!... la langue m'a fourché.... Gendarme, vous êtes une mère!

RIDEAU

40714. — Imprimerie Lahure, rue de Fleurus, 9, Paris.

www.ingramcontent.com/pod-product-compliance
Ingram Content Group UK Ltd.
Pitfield, Milton Keynes, MK11 3LW, UK
UKHW021208230726
13926UKWH00001B/386

9 782014 463101